ARTIST WITHOUT A BRUSH

Written By
R. Hammond

Illustrations By
Vector Family, Ananta Mohanta

Translated By
VERBATIM & Elena Napoli

Compiled By
Susan Veach

ROMEO Υ HOTEL
PUBLISHING

ARTISTA SIN PINCEL ~ UN LIBRO BILINGÜE ~ ESPAÑOL ~ INGLÉS

Escrito Por
R. Hammond

Ilustraciones de
Vector Family, Ananta Mohanta

Compilado Por
Susan Veach

Artist Sin Pincel ~ Artist Without a Brush ~ Un Libro Bilingüe ~ Spanish ~ English
is published under Romeo-Hotel Publishing ,LLC.

ROMEO Y HOTEL
PUBLISHING

Virginia Beach ,Virginia. Copyright 2020, R. Hammond.
In print & ebook distribution.
Library of Congress Control Number 2019921025 :

Paperback & eBook:
ISBN978-1-7331289-4-0 :
ISBN978-1-7331289-5-7 :

Authored and Designed by R. Hammond
Illustrated and Designed by Vector Family
Design & Contributions by Susan Veach

Translations by Verbatim

First Edition

Ninguna parte de este libro puede copiarse, distribuirse o venderse sin el permiso escrito y aprobado del autor o editor. La excepción a las copias solo se da a una enfermera o médico remunerado para niños hospitalizados o visitantes bajo su cuidado directo o el cuidado de un familiar de un niño durante su turno de trabajo, un instructor de arte pagado para sus estudiantes de clase de arte mientras está en clase y un proveedor de guardería o voluntario de cuidado de la iglesia para niños bajo su supervisión directa durante el tiempo de cuidado. Solo se puede copiar y entregar una imagen a cada estudiante de arte o guardería durante un período de noventa días.
Con fines educativos y de entretenimiento.
Este libro se puede solicitar en grandes cantidades en www.rhammond.org

*This book is dedicated to
teachers and all the students that wish to
further their language skills.
A Universal Truth,
'Practice makes Progress.'
Enjoy!*

*Este libro está dedicado a
profesores y todos los estudiantes que deseen
además de sus habilidades lingüísticas.
Una verdad universal,
"La práctica progresa".
¡Disfrutar!*

Evie from England told her artist friend, Kit P. a tall tale about a Prince that rescued troubled artists. Kit laughed at the story in disbelief while they were at the beach town park.

Evie de Inglaterra le contó a su amiga artista, Kit P., una gran historia sobre un Príncipe que rescató a artistas problemáticos. Kit se rió de la historia con incredulidad mientras estaban en el parque municipal de la playa.

The fall season brought new inspiration to Kit, so she planned a trip to an art camp in the mountains with her two best friends and guardians, Bailey and Sandy.
Kit was on her way to paint her next masterpiece.

La temporada de otoño trajo una nueva inspiración para Kit, por lo que planeó un viaje a un campamento de arte en las montañas con sus dos mejores amigos y guardianes, Bailey y Sandy.
Kit estaba en camino para pintar su próxima obra maestra.

They arrived at their cabin, overlooking a lake.
The timing was perfect. She needed a break.
Her canine friends were fast and cunning.
They chased each other. Their skills were stunning.

Llegaron a su cabaña, con vista a un lago.

El momento fue perfecto. Ella necesitaba un descanso.

Sus amigos caninos eran rápidos y astutos.

Empezaron a perseguirse uno al otro. Sus habilidades eran impresionantes.

**Kit set up her easel and went for her supplies.
She then let out an art warrior's cry, "Ahhh!"
Kit had forgotten her brushes.**

**Kit instaló su caballete y fue por sus pertrechos.
Luego soltó el grito de una guerrera de arte, "Ahhh!"
Kit había olvidado sus pinceles.**

She felt like an angry beast,
so upset, she ground her teeth.
Kit lifted the case above her head
and shook it out all over the bed.

Se sentía como una bestia enojada,
tan molesta que apretó los dientes.
Kit levantó el estuche sobre su cabeza
y lo sacudió por toda la cama.

Kit comenzó a pintar con ambas manos,
pero sabía que perdería algunos de sus admiradores.
Pensó en encontrar una pluma en esta hermosa tierra,
entonces ella decidió cambiar su plan.

Kit went outside also looking for sticks.
Not giving up, she walked up a ditch.
She searched all over, both high and low.
Thank goodness that it had not yet snowed.

Kit salió afuera también buscando palos.

Sin darse por vencida, caminó por una zanja.

Ella buscó por todas partes, tanto altas como bajas.

Gracias a Dios que aún no había nevado.

Kit ran out of ideas and cuddled with her friends,
thinking of that Prince for something to lend.
Her last option was to find a store.
Otherwise, she would drive back to the shore.

Kit se quedó sin ideas y se acurrucó con sus amigos,

pensando en ese Príncipe en algo que le pudiera prestar.

Su última opción era encontrar una tienda.

De lo contrario, conduciría de regreso a la costa.

Kit stood up quick and brushed herself off,
hoping her next idea would surely pay off.
She hoped this idea attracted her, "Prince of Paint."
If the tale were true, she would probably faint.

Kit se puso de pie rápidamente y se sacudió,

esperando que su próxima idea seguramente valiera la pena.

Esperaba que esta idea la atrajera, "Príncipe de la Pintura".

Si la historia fuera cierta, probablemente se desmayaría.

Kit encendió un fuego en un círculo de piedras,
como algo sacado de Indiana Jones.
Ella usó una manta para hacer anillos de humo abombados,
haciéndole saber que no era una broma.

Kit became exhausted and took off her jacket.
Bailey and Sandy took off running, because they saw a rabbit.
They chased the rabbit under a hidden shed.
It was scared and happy that it had fled.

Kit se sintió exhausta y se quitó la chaqueta.

Bailey y Sandy salieron corriendo porque vieron un conejo.

Persiguieron al conejo debajo de un cobertizo escondido.

Estaba asustado y feliz de haber huido.

Kit opened the door and saw a forgotten sled.
She snooped around and guess what she read?
"Old Brushes."

Kit abrió la puerta y vio un trineo olvidado.
Husmeó y ¿adivinen que leyó?
"Pinceles Viejos".

Kit went back inside and started to paint.
Her two guardian's ears stood up straight.
Bailey and Sandy thought, "Is it he? Could it be?"
The weight of its hooves was breaking down trees.

Kit volvió a entrar y comenzó a pintar.

Las orejas de sus dos guardianes se enderezaron.

Bailey y Sandy pensaron: "¿es él? ¿Podría ser?"

El peso de sus pezuñas frenaba los árboles.

Corrieron hacia afuera con un fuerte relincho y
allí llegaron bajo el cielo Indio.
El Príncipe sostuvo un puño lleno de pinceles nuevos.
Eso hizo que Kit se sintiera como una bella Duquesa.

De repente, el caballo vaciló y tropezó,
enviándolo dando volteretas.
El Príncipe golpeó un viejo roble.
Estaba de espaldas con una rodilla fracturada.

Bailey y Sandy fueron al cobertizo.
Trajeron de regreso el útil trineo.
Los dos lo arrastraron, porque
estaba herido y tuvo que quedarse.

Kit made him comfortable in her bed.
She saw that he also struck his head.
Kit found a rope and lifted his feet.
The wounded Prince thought she was sweet.

Kit lo hizo sentir cómodo en su cama.

También vio que se había golpeado la cabeza.

Kit encontró una cuerda y le levantó los pies.

El Príncipe herido pensó que ella era una dulzura.

Kit went outside to see if his horse was ok.
She gathered together a pile of hay.
Kit thanked her friends for finding that shed.
She then made sure that they were fed.

Kit salió a ver si su caballo estaba bien.

Ella recogió un montón de heno.

Kit agradeció a sus amigos por encontrar ese cobertizo.

Luego se aseguró de que fueran alimentados.

She checked on the Prince one more time,
making sure, he didn't break his spine.
The Prince was grateful that she saved his life.
He asked her if she would make him his wife.

Kit revisó al Príncipe una vez más,

asegurándose de que no se hubiese fracturado la columna vertebral.

El Príncipe agradeció que ella le salvara la vida.

Él le preguntó si ella lo haría su esposa.

Kit solo le sonrió a su Noble Escudero
y decidió encender otra fogata.
Pensó en Evie y en lo que ella estaría pensando.
Evie probablemente le guiñará un ojo.

Kit se detuvo para responder a su hombre dormido,

por lo que continuó, como había planeado.

Ella pintó imágenes llenas de deliciosos colores

que fueron hechas por el trazo de esos "Pinceles Viejos".

FIN

ARTIST Without a Brush

ARTISTA SIN PINCEL

ARTIST Without a Brush

ARTISTA SIN PINCEL

ARTIST Without a Brush

ARTISTA SIN PINCEL

ARTISTA SIN PINCEL

ARTISTA SIN PINCEL

KIT'S QUIZ

Por favor escriba sus respuestas en una hoja de papel separada.

1. What is Kit's profession? _____

2. What is Kit's friend's name? _____

3. What country is her friend from? _____

4. What color is Kit's vehicle? _____

5. What are Kit's friends and guardian's names? _____ & _____

6. What season of the year is the story? _____

7. What color is The Prince of Paint's horse? _____

8. Kit lives near the _____.

9. What is The Prince of Paint's horse's name? __Windsor__

10. The smoke rings look like what? _____

11. What is your favorite page of the story? _____

12. What career do you wish to have? _____

Milton Keynes UK
Ingram Content Group UK Ltd.
UKHW052357181223
434618UK00008B/128